BELLEROPHON,

TRAGEDIE

REPRÉSENTÉE A PARIS,
PAR L'ACADEMIE ROYALE
DE MUSIQUE,

l'An 1679. & le 3. Janvier de l'Année ſuivante 1680.
à Saint Germain en Laye, devant LE ROY,
à l'arrivée de Madame la Dauphine;

Remiſe au Theâtre le Mardy ſixiéme d'Avril 1728.

N'ayant point été repréſentée depuis 1718.

DE L'IMPRIMERIE
De JEAN-BAPTISTE-CHRISTOPHE BALLARD,
Seul Imprimeur du Roy, & de l'Academie Royale de Muſique.

M. DCCXXVIII.

AVEC PRIVILEGE DU ROY.

LE PRIX EST DE XXX. SOLS.

****

AVERTISSEMENT

Sur l'Impreſſion de ce Livre.

CEs Paroles ayant été imprimées dès l'Année 1680. *par exprès Commandement de Sa Majeſté;* On peut ſe perſuader que le Public en revera l'Edition avec plaiſir. On auroit facilement fait des Retranchements aux pages 9-10-22-31-32-44-45-51-52. comme à celles qui précedent le Prologue & la Tragedie, parce qu'elles rappellent les noms propres des Acteurs, qui ont eu l'honneur de repréſenter cette Piece dans une Feſte des plus auguſtes : On a cru au contraire, que l'on devoit laiſſer ces Anecdotes; perſuadé que perſonne ne prendra pas le change entre les anciens Acteurs & ceux qui rempliſſent actuellement le Theâtre de l'Academie Royale de Muſique, puiſqu'on trouvera les noms des derniers, imprimez avant le frontiſpice de l'Edition de 1680. Ainſi les noms des premiers que l'on y verra aux pages cottées cy-deſſus ne doivent avoir aucune application à la remiſe de cette Piece. La vûë de ſatisfaire les Perſonnes curieuſes de voir les Opera de Monſieur DE LULLY, conformes à leur origine, a empeſché la ſuppreſſion de ces noms, ſans omettre les changements ordinaires, que l'on voit dans cette feüille ajoûtée.

ACTEURS
DU PROLOGUE.

APOLLON,	Mr. Dun.
BACCHUS,	Mr. Cuvillier.
PAN,	Mr. Chassé.
UN BERGER,	Mr. Grenet.
LES NEUF MUSES.	

ACTEURS ET ACTRICES
de tous les Chœurs du Prologue & de la Tragedie.

CÔTE' DU ROY.		CÔTE' DE LA REINE.	
Mesdemoiselles	*Messieurs*	*Mesdemoiselles*	*Messieurs*
Souris-L.	Dun pere.	Antier-C	Le Myre-L.
Julie.	Bremond.	La Roche.	Morand.
Dun.	Flamand.	Tettelette.	S. Martin.
Souris-C.	Levasseur.	Charlard.	Bertin.
Dutilli.	Deshais.	Petitpas.	Rebours.
De Kerkoffen.	Buseau.	Gartou.	Dautrep.
	Dubrieul.		Corail.
	Duplessis.		Duchesne.
	Combeau.		Houbeau.

DIVERTISSEMENT
du Prologue.

SUITE DE BACCHUS,

Meſſieurs Dangeville, P-Dumoulin.

Meſdemoiſelles Thibert, Duroché.

SUITE DE PAN,

Bergers, & Bergeres.

Meſſieurs Maltair-L, Javillier, Savar, Tabary.

Meſdemoiſelles Lemaire, Verdun, Binet, la Martiniere.

ACTEURS
DE LA TRAGEDIE.

PALLAS,	Mlle. Antier-C.
LE ROY,	Mr. Dun.
STENOBE'E, *veuve de* PRETUS, *Roy d'Argos*,	Mlle. Antier.
PHILONOE', *Fille du Roy*,	Mlle. Pelissier.
BELLEROPHON, *cru Fils* DE GLAUCUS,	Mr. Tribou.
AMISODAR, *Prince Lycien, amoureux* DE STENOBE'E,	Mr. Chassé.
SACRIFICATEUR, *Ministre du Temple d'*APOLLON,	Mr. Lemire.
LA PITIE,	Mr. Grenet.
DEUX AMAZONES,	Mlles. Julie, Dun.
UNE DRIADE,	Mlle. Souris.
UNE NAPE'E,	Mlle. Dutilli.
DEUX DIEUX DES BOIS,	Mrs. Lemire, Galoudet.

DIVERTISSEMENT de la Tragedie.

PREMIER ACTE.

SOLYMES,
Monsieur Laval.
Messieurs Dumoulin-L., Savar, Camargo, Tabary, Bontemps, Maltair-C.

AMAZONES enchaînées,
Mesdemoiselles Duval, Petit, Lemaire, Verdun, Thybert, Duroché.

SECOND ACTE.

MAGICIENS,
Monsieur Maltair-C.
Messieurs Dangeville, P-Dumoulin, Savar, Camargo, Tabary, Pierret, Bontemps, Maltair-L.

TROISIE'ME ACTE.

SACRIFICATEURS,
Messieurs Dumoulin-L., Savar, Dangeville, Maltair-L.

PRE'TRESSES,
Mademoiselle Prevost.
Mesdemoiselles Petit, Duval, Thybert, Duroché.

QUATRIE'ME ACTE.

PAYSANS ET PAYSANNES

Mademoiſelle Camargo.
Monſieur P-Dumoulin , Mademoiſelle Sallé.
Meſſieurs Javillier, Maltair-L., Bontemps, Dangeville, Tabary, Savar.
Meſdemoiſelles Deliſle-C. , Camargo-C. , Binet, la Martiniere , Petit , Duroché.

CINQUIE'ME ACTE.

PEUPLES DE LYCIE,

Monſieur P-Dumoulin.
Meſſieurs Tabary, Savar , Laval, Maltair-C.
Meſdemoiſelles Duroché , Petit , la Martiniere , Thybert.

On vend la Muſique de cette Piece , *gravée*, In-folio. 20. liv.

Et la premiere Edition , Partition generale imprimée. 50. liv.

BELLEROPHON,

BELLEROPHON,
TRAGEDIE,
EN MVSIQVE,
ORNE'E
D'ENTRE'ES DE BALLET, de Machines, & de Changements de Theatre.

Repreſentée devant Sa Majeſté à Saint Germain en Laye le troiſiéme de Ianvier 1680.

A PARIS,
Par CHRISTOPHE BALLARD, ſeul Imprimeur du Roy pour la Muſique, ruë Saint Jean de Beauvais, au Mont Parnaſſe.

M. DC. LXXX.
Par exprés Commandement de Sa Majeſté.

E Roy ayant donné la Paix à l'Europe, l'Academie Royale de Musique a creu devoir marquer la part qu'elle prend à la joye publique par un Spectacle, où elle pût faire entrer les témoignages de son zéle pour la gloire de cét Auguste Monarque. Elle s'y est creuë d'autant plus obligée, que la protection qu'il donne aux beaux Arts les a toûjours fait joüir, pendant le cours mesme de la Guerre, de l'heureuse tranquilité qui leur est si necessaire. C'est ce qui a donné occasion à cette Tragedie en Musique: Le Theatre represente d'abord le Parnasse François, Apollon y vient avec les Muses celebrer le retour d'une Paix si glorieuse à la France: Pan & Bacchus y arrivent en mesme temps, & signalent leur joye par des Dances & par des Chants d'allegresses: Mais Apollon pour mieux divertir le plus Grand Prince de la Terre, imagine sur le champ un Spectacle, où luy-mesme avec les Muses veut representer l'Histoire de Bellerophon. Chacun ſçait que ce Heros combatit autrefois la Chimere, monté ſur Pegaſe, & que ce fut d'un coup de pied de ce Cheval que n'âquit enſuite la fameuſe Fontaine qui inſpire les Vers, & qui a fait naiſtre la Poëſie. On ne ſçait pas trop bien qui eſtoit le Pere de Bellerophon; Les uns tiennent que c'eſtoit Glaucus, & les autres le font Fils de Neptune; & c'eſt ſur cette diverſité d'opinions qu'on a formé l'intrigüe de cette Piece, & l'oracle qui en fait le nœud. Amiſodar eſt un Perſonnage Epiſodique, fondé ſur cette Fable, qu'il y a eû une Femme nommée Chimere, qui épouſa un Roy de Lycie, appellé Amiſodar.

ACTEVRS
DV PROLOGUE.

IX Faunes, ſuivants de Bacchus chantants.

Meſſieurs, Bony, Gingant, Tiphaine, Bernard, Moreau, Develois, Antonio, Gaye fils, Lavernet, & Jacard.

Deux Hautbois.

Meſſieurs, Plumet, & Philidor l'aiſné.

Dix Bergers de la ſuitte de Pan, chantants.

Meſſieurs, de Beaumont, Fernon l'aiſné, Godonneſche, David, Poyadon, le Cointre, Pulvigny, Jonquet, le Maire, & Philbert.

Deux Flutes en Bergers de la ſuitte de Pan.

Meſſieurs, Deſcoſteaux, & Joſeph Pieche.

Deux Bacchantes dançantes.

Meſſieurs, Chicanneau, & Favier cadet.

Deux Bergeres dançantes.

Meſſieurs, Noblet & Arnal.

Quatre Bergers dançants.

Meſſieurs, Favier l'aiſné, Faüre, Leſtang cadet, & Boutteville.

Quatre ſuivants de Bacchus dançants.

Meſſieurs, Pecourt, L'eſtang l'aiſné, Joubert & Magny.

PROLOGVE.

Le Theatre represente une agreable Vallée, en forme de Costeaux delicieux, au fond desquels paroist le Mont Parnasse à double sommet, & entre les deux la source de la Fontaine d'Helicon, Apollon est assis au haut de cette Montagne, accompagné des Neuf Muses qui sont aussi assises des deux costez.

APOLLON.

MVSES preparons nos Concerts.
Le plus grand Roy de l'Vnivers
Vient d'assurer le repos de la Terre,
Sur cét heureux Vallon il répand ses bien-faits.
Aprés avoir chanté les fureurs de la Guerre,
Chantons les douceurs de la Paix.

CHOEVR DES MVSES.

Aprés avoir chanté les fureurs de la Guerre,
Chantons les douceurs de la Paix.

APOLLON.

Par cét Auguste Roy la discorde est bannie.

Pour tous les Dieux sa gloire a tant d'appas,
Que Pan luy-mesme oubliant nos debats
Vient icy de nos Chants augmenter l'harmonie.
Bacchus ainsi que luy vient se joindre avec nous,
Pour rendre nos accords plus charmants & plus doux.

Bacchus entre icy d'un costé accompagné d'Ægipans & de Menades, & Pan entre de l'autre, suivy de Bergers & de Bergeres.

BACCHVS.

Du fameux bord de l'Inde, où toûjours la Victoire
Rangea les Peuples sous ma Loy,
Ie viens prendre part à la gloire
D'un Vainqueur aussi grand que moy.

PAN.

I'ay quitté les Forests ou je tiens mon Empire,
Pour venir comme vous admirer ce Heros.
Nos Plaines & nos Bois luy doivent leur repos.
C'est par luy seul que tout respire.

Tous ensemble.

Chantons le plus grand des Mortels,
Chantons un Roy digne de nos Autels.

Chœur d'Apollon & des Muses.

Par luy tous nos Champs refleurissent.

Chœur

CHOEUR de Bacchus & de Pan.

Les tranquilles plaisirs par luy sont de retour.

CHOEUR d'Apollon & des Muses.

De son nom seul les Echos retentissent.

CHOEUR de Bacchus & de Pan.

Si l'on soûpire encor, ce n'est plus que d'amour.

CHOEUR d'Apollon & des Muses.

Tout rit dans nos douces retraites.

CHOEUR de Bacchus & de Pan.

Rien ne vient plus troubler le son de nos Musettes.

TOUS ensemble.

Chantons le plus grand des Mortels,
Chantons un Roy digne de nos Autels.

Les Bergers & les Bergeres commencent icy vne Entrée, aprés laquelle un Berger chante les deux couplets suivants, qui sont entremeslez de Dances.

CHANSON d'un Berger.

Pourquoy n'avoir pas le cœur tendre?
Rien n'est si doux que d'aimer.
Peut-on aisément s'en deffendre?
Non, non, non, l'Amour doit tout charmer.

BELLLEROHON

Que ſert la fierté dans les Belles?
Tout aime enfin à ſon tour.
Voit-on des rigueurs éternelles?
Non, non, non, rien n'échape à l'Amour.

Aprés cette Chanſon, les Ægipans & les Menades font une Entrée, laquelle eſtant finie, les Bergers & les Bergeres ſe meſlent avec eux, & ils dançent tous enſemble. Cette derniere Dance eſt ſuivie de ce Dialogue de Bacchus & de Pan.

PAN.

Tout eſt paiſible ſur la Terre,
Voicy l'heureux temps des Amours.

BACCHVS.

Ils n'ont plus à craindre la Guerre,
Qui des Amants troubloit les plus beaux jours.

PAN.

Aimez Bergers, aimez Bergeres,
Suivez vos plus tendres deſirs.

BACCHUS.

Si l'Amour a des maux il a mille plaiſirs
Qui rendent ſes peines legeres.

BACCHUS & PAN.

Si l'Amour a des maux, il a mille plaiſirs
Qui rendent ſes peines legeres.

APOLLON.

Quittez de si vaines Chansons.
Il faut par de plus nobles sons
Honorer en ce jour le Heros de la France.
Transformons-nous en ce moment;
Et dans un Spectacle charmant
Celebrons à ses yeux l'heureux Evenement,
Qui jadis au Parnasse a donné la naissance.
Allons pour ce grand Roy, redoublez vos efforts,
Preparez vos plus doux accords.

TOUS ensemble.

Pour ce grand Roy redoublons nos efforts,
Preparons nos plus doux accords.

FIN DV PROLOGVE.

NOMS DES HEROS DE LA PIECE.

ALLAS.

Mademoiselle de la Prée.

IOBATE.

Monsieur Gaye.

STENOBE'E, vefue de Pretus Roy d'Argos.

Mademoiselle de S. Christophe.

PHILONOE', Fille d'Iobate.

Mademoiselle Ferdinand cadette.

BELLEROPHON, creu fils de Glaucus,

Monsieur Clediere.

AMISODAR, Prince Lycien, amoureux de Stenobée.

Monsieur Morel.

ARGIE, Confidente de Stenobée.

Mademoiselle Bony.

SACRIFICATEUR, Ministre du Temple d'Apollon.

Monsieur Pulvigny.

LA PITIE.

Monsieur le Roy.

APOLLON, sur le parnasse.

Monsieur Gaye.

Neuf Muses.

Mesdemoiselles Ferdinand l'aisnée & cadette, Pieche, Rebel, Doremius & de la Prée : Messieurs Frizon, Marais & Salomon.

Deux Theorbes.

Messieurs Dupré & Carle-André.

BACCHUS. Monsieur le Roy.

PAN.

Monsieur Arnoul.

BELLEROPHON,

TRAGEDIE.

ACTE PREMIER.

Le Theatre repreſente une avant-court du Palais du Roy, au fond de laquelle paroiſt un grand Arc de Triomphe, & au delà on découvre la Ville de Patare Capitale du Royaume de Lycie.

SCENE PREMIERE,

STENOBE'E, ARGIE.

STENOBE'E.

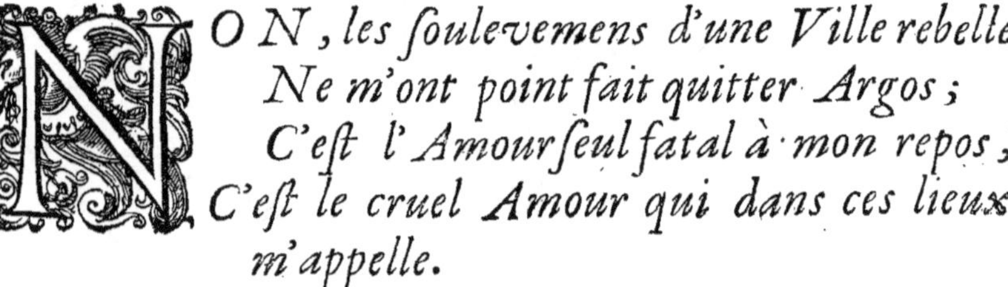

N*ON, les ſoulevemens d'une Ville rebelle*
Ne m'ont point fait quitter Argos;
C'eſt l'Amour ſeul fatal à mon repos,
C'eſt le cruel Amour qui dans ces lieux m'appelle.

Pretus n'est plus, & desormais sa mort
Me rend maistresse de mon sort ;
Je puis donner un Diadême,
Et viens en cette Cour faire un dernier effort
Sur le cœur d'un ingrat que j'aime.

ARGIE.

Quoy, de Bellerophon l'outrageante froideur
Ne peut de cét amour dégager vostre cœur ?

STENOBE'E.

Malgré tous mes malheurs je serois trop heureuse,
Si les mespris pouvoient guerir l'amour.
Ma fierté dés long-temps par un juste retour,
M'auroit fait triompher de ma flâme amoureuse ;
Mais helas ! ma tendresse augmente chaque jour.
Malgré tous mes malheurs je serois trop heureuse,
Si les mespris pouvoient guerir l'amour.

ARGIE.

Contre Bellerophon vostre aveugle colere.
Aux plus sanglans effets devoit s'authoriser ;
L'amour vous le fait voir toûjours digne de plaire,
C'est assez pour vous appaiser.

STENOBE'E

Helas ! à quel excez je portay ma vengeance !
Je l'accusay malgré son innocence
De vouloir m'inspirer une coupable ardeur.
Ce fut pour luy ravir & l'honneur & la vie,
Que Pretus l'envoya chez le Roy de Lycie.

Et quels troubles alors ne ſentit point mon cœur!
En vain, quand l'amour eſt extreſme,
On ne peut perdre un Ingrat qui nous oſe outrager.
On prend dans ces malheurs plus de part que luy-meſme.
Helas! quand il ſe faut vanger de ce qu'on aime,
Qu'il en coûte pour ſe vanger!

ARGIE.

Ne redoutez plus rien; ce Heros invincible
Aux plus affreux perils tant de fois expoſé,
A ſa valeur a trouvé tout poſſible?
Quel triomphe pour vous s'il vous eſtoit aiſé,
De rendre enfin ſon cœur ſenſible!

STENOBE'E.

Du moins Bellerophon n'a jamais rien aimé,
C'eſt à la gloire qu'il ſe donne,
Et ſon cœur peut eſtre charmé
Par les offres de ma Couronne.

Eſpoir, qui ſeduiſez les Amans mal-heureux,
Pourquoy ſuſpendre ma vengeance?
Ie ſçay, je ſçay, combien vous eſtes dangereux,
Ie ſçay que vous allez entretenir mes feux,
Et redoubler leur violence;
Cependant vous rentrez dans mon cœur amoureux,
Et je ſens qu'avec vous il eſt d'intelligence.
Eſpoir qui ſeduiſez les Amants mal-heureux.
Pourquoy ſuſpendre ma vangeance?

SCENE II.

STENOBE'E PHILONOE', ARGIE.

PHILONOE.

REyne, vous sçavez qu'en ce jour
Ie reçois un Espoux de la main de mon Pere.
I'attends le choix qu'il en doit faire
Entre tous ces Amants qui remplissent sa Cour.
Obtenez qu'il n'en délibere
Que de concert avec l'amour.

Qu'il est doux de trouver dans un Amant qu'on aime
Un Espoux que l'on doit aimer!
Lors que le cœur a choisi de luy-mesme
Le seul objet qui pouvoit l'enflamer,
Qu'il est doux de trouver dans un Amant qu'on aime,
Un Espoux que l'on doit aimer!

STENOBE'E

Quoy, Princesse, à l'amour vous auriez pû vous rẽdre?

PHILONOE'.

En vain j'ay voulu m'en deffendre.

STENOBE'E.

Et qui donc aimez-vous?

PHILONOE'.

Vn Heros que les Dieux
Ont fait des Conquerans l'exemple glorieux.
Estimé dans la paix, redouté dans la Guerre,
Il est, & la Terreur, & l'amour de la Terre.

Si pour chercher à vaincre il court dans les hazards,
A ses premiers efforts ses Ennemis se rendent,
Et s'il aime, il n'est point de cœurs qui se défendent
De ses premiers regards.

STENOBE'E.

Ah! c'est Bellerophon.

PHILONOE'.

C'est luy, je le confesse
Ne condamnez point ma tendresse.
Quand mille exploits fameux parlent pour un Amant,
Peut-on resister un moment?
Aprés avoir vaincu deux Nations guerrieres,
Bellerophon ameine en ces lieux fortunez
Les Amazones prisonnieres,
Et les Solymes enchaisnez;
Il possede mon cœur, je puis tout sur son ame.
Reyne, favorisez une si belle flâme.

SCENE TROISIESME.

STENOBE'E, ARGIE.

STENOBE'E.

ET je croyois qu'aucune ardeur
N'eust jamais enflamé son Cœur?

ARGIE.

Vn cœur qui paroist invincible
Peut estre un temps sans se laisser charmer;
Mais on a beau se deffendre d'aimer,
Le moment vient d'estre sensible.

STENOBE'E.

C'en est fait, l'outrage est trop grand.
Si ses cruels refus faisoient tort à ma gloire,
Au moins il m'estoit doux de croire,
Que mon cœur soûpiroit pour un Indifferent.
Mais il aime, & c'est là ce qui me desespere.
Vne autre a fait ce que je n'ay pû faire.
Venez, haine, vengeance, & versez dans mon cœur
Vostre poison le plus funeste.
Vous ne sçauriez m'inspirer trop d'horreur
Pour un Ingrat que je deteste.
Suivons, suivons ce desespoir,
Il faut pour vanger mon outrage

Qu'Amisodar serve ma rage;
Son Art dans les Enfers luy donne tout pouvoir.
Il en peut évoquer quelque Monstre effroyable
Qui porte le ravage & la flâme en ces lieux,
Il m'aime, & si sur luy je veux jetter les yeux...

ARGIE.

Le Roy vient, contraignez l'ennuy qui vous accable.

SCENE QVATRIESME.

LE ROY, STENOBE'E, ARGIE, Suite.

LE ROY.

Contre Bellerophon, j'ay fait jusqu'à ce jour
Ce que Pretus pouvoit attendre
De l'aveugle zele d'un Gendre.
Vous vouliez comme luy qu'il perît dans ma Cour.
D'abord, sans connoistre son crime,
J'abandonnay sa teste aux rigueurs de son sort.
Pretus croyoit sa perte legitime,
C'estoit assés pour resoudre sa mort:
Mais enfin il est temps de vous ouvrir mon ame.
Aprés qu'il s'est rendu l'appuy de mes Estats,
Je dois me conserver son bras:
Ma Fille est l'objet de sa flâme.

Aujourd'huy de ma main elle attend un Espoux,
C'est luy que je choisis.

STENOBE'E.

Ciel, que me dites-vous?
Choisir Bellerophon! & qui l'auroit pû croire?

LE ROY.

Ses Exploits l'ont rendu digne de cette gloire.

STENOBE'E.

Songez-vous que Pretus vous demanda sa mort?

LE ROY.

Les Dieux ne m'ont point fait arbitre de son sort.

STENOBE'E.

Quoy, vous soûtenez un Coupable?

LE ROY.

Quoy, vostre haine est implacable?

TOVS DEVX.

Ah! cessez de vous obstiner.

LE ROY.

Malgré vostre jalouse envie.

STENOBE'E.

Malgré vos soins pour luy sauver la vie.

TOVS DEVX.

Il merite { le prix / la mort } que je luy veux donner.

On entend icy des Tymbales & des Trompettes.

STENOBE'E.

A ce bruit éclatant je connois qu'il s'avance.
Ie ne vous dis plus rien, mais vous devez songer,
Que si vous negligez le soin de ma vangeance,
Ie suis Reine, & puis me vanger.

Aprés que Stenobée est sortie, on voit entrer une Troupe d'Amazones & de Solymes enchaîsnez, dont ceux qui les conduisent portent les Armes: La Marche que cette Troupe fait sur le Theatre est une espece de Triomphe pour Bellerophon, qui entre aprés que les Amazones & les Solymes ont passé devant le Roy, & pris leur place.

SCENE CINQVIESME.

LE ROY, BELLEROPHON, Troupe d'Amazones & de Solymes.

Six Hommes en Amazones chantans.

Messieurs Langeais, le Maire, le Roy, Develois, Antonio & Jonquet.

Six Femmes en Amazones chantantes.

Mesdemoiselles Ferdinand l'aisnée & cadete, ou Mademoiselle Puvigné, Piesche, Doremius, Rebel, & le petit de Beaumont. Iaccard & Philbert, *Pages de la Suite des Amazones.*

Quatorze Solymes chantans.

Messieurs de Beaumont, Gingant, Duhamel, David, Tiphaine, Bernard, Godonnesche, Frizon, Puvigné, Poyadon, Moreau, le Cointre, Perchot & Aubert.

Vn Solyme dançant seul, Monsieur Pecourt.

Quatre Amazones dançantes.

Messieurs Noblet, Favier cadet, Boutteville & Dumirail.

Quatre Solymes dançants.

Messieurs Faüre, Magny, Lestang l'aisné & le cadet.

Quatre Hommes armez dançants.

Messieurs Chicanneau, Ioubert, Mayeux & Arnal.

LE ROY.

VEnez, venez goûter les doux fruits de la gloire,
Qui dans tout l'Vnivers vous fait tant de jaloux.

BELLEROPHON.

Seigneur, quand on combat pour vous
N'est-on pas seur de la victoire?

LE ROY.

Aprés avoir rangé deux Peuples sous mes Loix,
Prince, vostre rare vaillance
Demeureroit sans recompense
Si ma Fille n'estoit le prix de vos exploits.
Vous l'aimez, elle vous aime,
Soyez heureux, j'y consens.

BELLEROPHON.

Ah Seigneur! puis-je encor me connoistre moy-mesme?

LE ROY.

La valeur obtient tout des cœurs reconnoissans.

Vn Heros que la gloire éleve,
N'est qu'à demy recompensé,
Et c'est peu si l'amour n'acheve
Ce que la gloire a commencé.

BELLEROPHON.

Surpris de tant d'honneurs je ne puis que me taire,
Quel service assez grand pouvoit les meriter.
I'eusse esté trop temeraire
Si j'eusse osé m'en flatter.
Moy qu'un Frere a chassé d'Ephyre,
Où mon Pere Glaucus avoit donné la Loy.

LE ROY.

Estre l'appuy de mon Empire,
C'est meriter assez d'y regner apres moy.
Qu'aucun ne garde icy des sujets de tristesse.
A vos Captifs je rends la liberté.

BELLEROPHON aux Amazones & aux Solymes.

Faites tous voir vostre allegresse
En sortant de captivité.

Le Roy & Bellerophon estant sortis, ceux qui ont conduit les Amazones & les Solymes, leur ostent les fers, & rendent l'espée aux unes, & la Lance aux autres.

AMAZONES.

Quand un Vainqueur est tout brillant de gloire
Qu'il est doux de porter ses fers!

SOLYMES.

Celuy qui nous soûmit commande à la Victoire,
Il soûmettra tout l'Vnivers.

CHOEUR des Amazones & des Solymes.

Disons cent fois ce qu'on ne peut trop dire,
Heureux qui vît sous son Empire!

Les Amazones & les Solymes commencent icy leurs Dances, & chantent ensuite les paroles suivantes, dont chaque couplet se chante apres une Entrée.

AMAZONES & SOLYMES.

Faisons cesser nos allarmes,
Goûtons les biens que rend la liberté,
Celuy dont chacun craint les armes
A fait finir nostre captivité.
Vn sort si plein de charmes
Met nostre gloire enfin en seureté.

Rompons le cours de nos larmes,
Nos déplaisirs ont assez éclaté.
Celuy dont chacun craint les armes
A fait finir nostre captivité.
Vn sort si plein de charmes
Met nostre gloire enfin en seureté.

Fin du premier Acte.

ACTE II.

Le Theatre represente un Iardin delicieux, au milieu duquel paroist un Berceau en forme de Dôme, soûtenu à l'entour de plusieurs Termes: Au travers de ce Berceau on découvre trois Allées, dont celle du milieu est terminée par un superbe Palais en éloignement. Les deux autres finissent à perte de veuë.

SCENE PREMIERE.

PHILONOE', deux Amazones.

AMOVR mes vœux sont satisfaits,
Il m'est doux de porter tes chaînes,
Et j'oublie aujourd'huy les peines
Qui de mon cœur avoient troublé la paix.
Crüelles inquietudes,
Soûpirs languissans,
Si j'ay soufferts vos tourments les plus rudes,
Ie n'ay pas trop payé les douceurs que je sens.

PREMIERE AMAZONE.

Les douceurs que l'amour fait trouver dans ses chaînes
Aux plus heureux Amants ont cousté des soûpirs.

II. AMAZONE.

Les plaisirs qui n'ont point commencé par les peines,
Ne sont jamais de vrais plaisirs.

PHILONOE.

Chantez, chantez la valeur éclatante
Du plus grand des Heros,
Si la Lycie est triomphante,
C'est à luy qu'elle doit sa gloire & son repos.

I. AMAZONE.

Que de Lauriers sur une seule teste!
Avec luy la Victoire a peine à respirer.

II. AMAZONE.

De l'Vnivers entiere il eût fait la conqueste,
Si son grand cœur n'eût sçeu se moderer.

TOVTES DEVX.

Chantons, chantons la valeur éclatante
Du plus grand des Heros;
Si la Lycie est triomphante,
C'est à luy quelle doit sa gloire & son repos.

SCENE SECONDE

BELLEROPHON, PHILONOE', AMAZONES.

BELLEROPHON.

PRinceſſe, tout conſpire à couronner ma flâme,
Tout s'apreſte pour mon bonheur.
Sentez-vous les plaiſirs qui regnent dans mon ame,
Et les meſmes tranſports charment-ils voſtre cœur?

PHILONOE'.

L'amour qui nous unit par de ſi douces chaînes
A dés long-temps uny tous nos deſirs;
A vos ſoûpirs cent fois j'ay meſlé mes ſoûpirs,
Et ſi j'ay partagé vos peines,
Ie dois partager vos plaiſirs.

BELLEROPHON.

Qu'un ſi doux aveu doit me plaire!
Qu'il rend mon deſtin glorieux!

PHILONOE'.

Quand ma bouche pourroit ſe taire,
L'Amour feroit parler mes yeux.

TOUS DEUX.

Que tout parle à l'envy de noſtre amour extreſme,

A ces transports abandonnons nos cœurs,
Et pour gouster toûjours de nouvelles douceurs,
Disons-nous cent fois ; je vous aime.

PHILONOE' voyant Stenobée.

Prince, Adieu; mon devoir m'appelle auprés du Roy,
Je vous laisse le soin d'entretenir la Reine.

BELLEROPHON.

Quel crüel supplice pour moy!

SCENE TROISIESME.

STENOBE'E, BELLEROPHON, ARGIE.

STENOBE'E.

MA presence icy te fait peine.

BELLEROPHON.

Il est vray je frémis lorsque je vous revoy.
Quel destin ennemy vous améne en Lycie?
Y venez-vous chercher à troubler mon repos?
Vous m'avez fait bannir d'Argos,
Ne verray-je jamais vostre haine adoucie?

STENOBE'E.

S'il te souvient des maux que je t'ay faits,

Qu'il te ſouvienne auſſi de ma tendreſſe extreſme ;
Ne me reproche point ingrat que je te haïs,
Ou reproche moy que je t'aime.
J'ay tâché de te perdre, & j'ay crû le vouloir,
J'ay ſuivy les tranſports d'vne aveugle vangeance ;
Mais plus à mon amour j'ay fait de violence,
Plus ſur mon cœur il a pris de pouvoir,
Et je ne t'ay jamais haï qu'en apparence.

BELLEROPHON.

Vous m'avez ſans relâche accablé de malheurs,
Ie n'ay point reconnu l'amour dans vos fureurs.
Si l'amour quelque fois s'abandonne à la rage,
Il eſt toûjours amour, meſme quand il outrage :
Mais vous toûjours conſtante à me perſecuter,
Vous n'avez eſpargné ma gloire ny ma vie,
Et je ne dois rien eſcouter
De ma plus mortelle Ennemie.

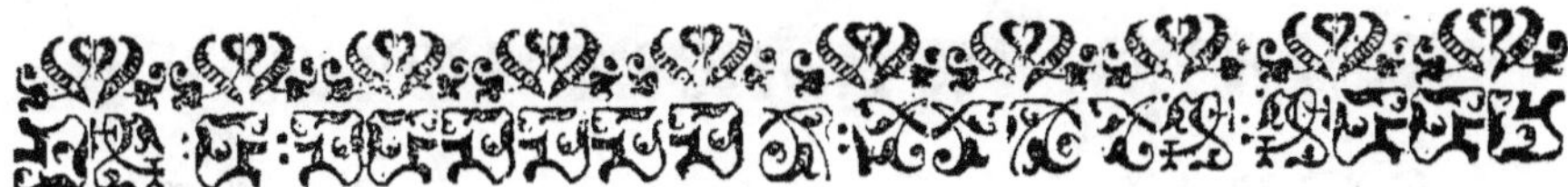

SCENE QVATRIESME.

STENOBE'E, ARGIE.

STENOBE'E.

TV me quittes, crüel! arreste. Il fuit, helas!
Mon amour voit ſa honte, & n'en profite pas.

Vous ne ſçauriez guerir le mal qui me tourmente,
Foibles retours d'un impuiſſant dépit;
Des meſpris d'un Ingrat ma flâme ſe nourrit,
Elle dévroit s'eteindre & dévient plus ardente.
L'amour trop heureux s'affoiblit,
Mais l'amour malheureux s'augmente.

ARGIE.

Quoy, vous pourrez toûjours ſouffrir
Qu'on vous brave, qu'on vous dédaigne?

STENOBE'E.

Non, il faut dans ſon ſang que mon amour s'éteigne,
Perdons tout, faiſons tout perir.

SCENE CINQVIESME.

STENOBE'E, AMISODAR, ARGIE.

STENOBE'E.

Vous me jurez sans cesse une amour eternelle.
Croiray-je, Amisodar, croiray-je vos sermens?
Me serez-vous assez fidelle
Pour ne refuser rien à mes ressentiments?

AMISODAR.

Lors que l'amour vous asservit mon ame,
Vostre insensible cœur devroit se contenter
De ne pas respondre à ma flâme;
Pourquoy me faire encor l'outrage d'en douter?
Vos froideurs, vostre indifference
Me touchent moins que cette offense,
Ie meurs pour vos divins appas,
Et viens vous demander pour toutes recompense
Que vous n'en doutiez pas.

STENOBE'E.

Bellerophon m'a fait une mortelle injure,
Le Roy la connoist & l'endure,
Il le choisit pour Gendre au lieu de le punir.
Troublons l'Hymen qui se prepare
Par une vangeance barbare

Dont le ſeul ſouvenir
Faſſe trembler tout l'avenir.

AMISODAR.

Ie puis de la nuit infernale,
Faire ſortir un Monſtre furieux:
Mais vous-meſme tremblez d'exercer en ces lieux
Vne vangeance ſi fatale.
Preparez-vous à voir nos Peuples allarmez,
Et nos Villes tremblantes.
Le Monſtre couvrira de torrents enflâmez
Nos Campagnes fumantes,
Et nos champs ne ſeront ſemez
Que des reſtes affreux des Victimes ſanglantes.

STENOBE'E.

Que ce Spectacle ſera doux
A la fureur qui me transporte!
Haſtez-vous, haſtez-vous,
De ſervir mon courroux,
Faites ouvrir la terre, & que le Monſtre en ſorte.
Haſtez-vous, haſtez-vous
De ſervir mon courroux.

AMISODAR.

Iuſqu'au fond des Enfers je vay me faire entendre,
Fuyez, Reyne, fuyez;
Vos yeux ſeroient trop effrayez
De l'horreur qu'en ces lieux mes charmes vont répandre.

SCENE

SCENE SIXIESME.

AMISODAR ſeul.

QVe ce Iardin ſe change en un Deſert affreux.

Le Iardin diſparoiſt, & l'on voit en ſa place une eſpece de priſon horrible, taillée dans les Rochers, & percée à perte de veuë, avec pluſieurs Chaînes, Cordages, & Grilles de fer qui la rempliſſent de toutes parts.

Noirs Habitans du séjour tenebreux,
Pour m'écouter dans vos demeures ſombres;
Redoublez, s'il ſe peut, le ſilence des Ombres.
Et vous à me ſervir employez tant de fois,
Miniſtres de mon Art, accourez à ma voix.

Quatre Magiciens & quatre Magiciennes paroiſſent, & témoignent en dançant, l'ardeur avec laquelle ils ſe preparent à ſervir Amiſodar. Apres cette Entrée, d'autres Magiciens au nombre de quatorze, viennent faire avec luy la Scene ſuivante.

SCENE SEPTIESME.

AMISODAR, MAGICIENS.

Quatorze Magiciens chantans.
Messieurs Gingant, Bernard, David, Tiphaine, le Maire, Duhamel, Frizon, Desvelois, Lavernet, le Roy, Godonnesche, Moreau, Poyadon & le Cointre.

Vn Sorcier dançant seul. Monsieur Beauchamp.

Quatre autres Sorciers dançans.
Messieurs Favier l'aisné, Pecourt, Lestang le cadet, & Germain.

Quatre Sorcieres dançantes.
Messieurs Magny, Faüre, Noblet & Boutteville.

MAGICIENS.

PArle, nous voila prests, tout nous sera possible.

AMISODAR.

Faisons sortir un Monstre horrible.
Pour l'évoquer employez l'Acheron,
Le Cocyte, le Phlegeton;
Faites que vostre voix dans tout l'Enfer raisonne.
C'est moy qui vous l'ordonne.

Les Magiciens se jettent icy contre terre pour l'évocation.

MAGICIENS.

Par ce pressant commandement,
Promptement, promptement,
Que le Tenare s'ouvre,
Que l'Enfer se découvre;
Cocyte, Phlegeton, il nous faut du secours,
Pour nous entendre arrestez vostre cours.

AMISODAR.

Poursuivez. Que pour moy vostre pouvoir éclate;
Par Cerbere & la triple Hécate;
Parlez, pressez, appellez, à grand bruit,
Et la Mort & la Nuit.

Les Magiciens se jettent de nouveau contre terre.

MAGICIENS.

Nuit, Mort, Cerbere, Hécate, Erebe, Averne,
Noires Filles du Stix, que la fureur gouverne,
Entendez nos cris, servez-nous,
Nous travaillons pour vous.

AMISODAR.

Le charme est fait les Monstres vont paroistre,
La terre s'ouvre & me le fait connoistre.
Rendons aux sombres Deïtez
Les honneurs que de nous elles ont meritez.

La Terre s'ouvre, & on en voit sortir trois

Monſtres qui s'élévent au deſſus de trois Buchers ardens, l'un en forme de Dragon, l'autre de Lyon, & le dernier de Bouc. Trois des Magiciens montent deſſus: Apres quoy les quatre qui ont désja dancé font une nouvelle Entrée avec les quatre Magiciennes, pour marquer leur joye de ce que le charme a reüſſi. Leur Dance eſtant finie, les trois Magiciens qui ſont ſur les Monſtres chantent alternativement les paroles ſuivantes avec les autres Magiciens.

MAGICIENS.

La Terre nous ouvre
Ses Gouffres profonds !
L'Enfer ſe découvre.
Chantons, triomphons,
On voit l'onde noire
Pour nous s'arreſter.
Victoire, victoire, victoire.
Nous avons la gloire
De tout ſurmonter.
Triomphe, Victoire,
Triomphe, Victoire,
Nous avons la gloire
De tout ſurmonter,
Non, non, rien ne peut nous reſiſter.

AMISODAR.

Vn Monſtre ſeul cauſeroit plus d'effroy,

Il faut unir ces trois Monstres ensemble.
Par un charme plus fort & plus digne de moy,
Faisons qu'un seul corps les assemble;
Pour en venir about descendons aux Enfers,
Les Gouffres nous en sont ouverts.

Tout s'abysme, & la Terre se referme.

FIN DV SECOND ACTE.

ACTE III.

Le Theatre represente le vestibule du Temple fameux, où Apollon rendoit ses Oracles dans la Ville de Patare. Ce Temple paroist d'abord fermé dans le fond, & ne s'ouvre que lors que la Ceremonie commence à paroistre.

SCENE PREMIERE.

STENOBÉE, ARGIE.

ARGIE.

QVE vous faites couler & de sang & de larmes
Dans ces tristes climats!
Tout tremble, tout en est en allarmes.
On voit regner par tout l'image du trespas,
Et le Monstre animé par la force des Charmes
Marque de mille morts la trace de ses pas.

STENOBE'E.

Lieux desolez, & remplis de carnage;
Campagnes où le Monstre a semé tant d'horreur,
Ne me reprochez point ma jalouse fureur,
Dont vostre embrasement est le fatal ouvrage;
L'amour desesperé qui regne dans mon cœur
Vous vange assez de ce ravage.

ARGIE.

Quoy, vous ne goûtez point la secrete doucenr
D'avoir troublé l'Hymen qui vous outrage?

STENOBE'E.

Impuissante vangeance! inutile secours!
Dequoy peux-tu servir quand on aime toûjours?
Les plus cruels transportts que la fureur inspire
Consolent mal un amour outragé.
Ce malheureux amour apres s'estre vangé,
N'en fait pas moins sentir son tyrannique empire:
Impuissante vangeance! inutile secours!
Dequoy peux-tu servir quand on aime toûjours?

SCENE SECONDE.

LE ROY, STENOBE'E, ARGIE.

LE ROY.

Que de malheurs accablent la Lycie?
Si le Ciel luy gardoit de si funestes coups,
Avant qu'il fit sur elle éclater son courroux,
Que ne m'a-t'il osté la vie?
Ie ne vois en tous lieux que des marques d'effroy,
Que des objets qui m'épouvantent,
Et je partage comme Roy
Les maux que mes Sujets ressentent.

STENOBE'E.

Quand vous voyez vos Peuples abbatus,
Reconnoissez du Ciel la justice supréme.
Vous n'avez pas vangé l'injure de Pretus,
Il la vange luy-mesme.
Bellerophon victorieux
Cause tous les malheurs dont vostre cœur soûpire,
C'est contre luy seul que les Dieux
Ont envoyé le Monstre furieux,
Qui desole tout vostre Empire.
Que sa valeur en delivre ces lieux,
Puis que son crime vous l'attire.

SCENE

SCENE TROISIESME.

LE ROY, BELLEROPHON.

BELLEROPHON.

VOVS venez consulter l'Oracle d'Apollon ?

LE ROY.

Ie viens luy demander ce qu'il faut que j'espere ;
De mes Estats c'est le Dieu tutelaire,
Il écoute ma voix quand j'implore son nom.

BELLEROPHON.

Ce Dieu qui cherit la Lycie
Dans ses malheurs voudra la secourir,
Et l'encens qu'en ces lieux vous luy venez offrir
Rendra du Ciel la colere adoucie ;
Mais quand le Monstre immole à sa fureur
Tout le sang qu'il trouve à répandre,
Verray-je sans rien entreprendre
Que par luy dans ces lieux tout soit remply d'horreur?

LE ROY.

Ah! Prince, songez-vous que trois Monstres ensemble,
Sont unis dans ce Monstre affreux?
A son aspect il n'est rien qui ne tremble,
De sa brulante baleine il pousse mille feux.

BELLEROPHON.

Ces trois Monstres unis n'ont rien qui m'épouvante;
Plus le Combat couste au Vainqueur,
Plus la Victoire est éclatante,
Et c'est ce qui flatte un grand cœur.

SCENE QUATRIESME.

LE ROY, PHILONOE', BELLEROPHON.

PHILONOE.

SEigneur, à vostre voix je viens joindre la mienne,
Aux vœux que vous offrez je viens méler mes
Et demander au Ciel que la Lycie obtienne [pleurs
La fin de ses malheurs.

LE ROY.

Contre le Monstre qui les cause
Bellerophon veut employer son bras:
Consentirez-vous qu'il s'expose?

PHILONOE'.

Ah! vous-mesme Seigneur, vous n'y consentez pas,
Souffrirez-vous qu'il coure ou la mort est certaine?

BELLEROPHON,

On court à la Victoire en s'exposant pour vous,
Croyez-en l'ardeur qui m'entraîne.

Helas! ſans les frayeurs dont la Lycie eſt pleine,
Ie ſerois déja voſtre Eſpoux.

PHILONOE'.

Eſperons tout des Dieux ; un violent orage
Amene quelque fois le calme le plus doux.

LE ROY.

Le Temple s'ouvre, entrons, & par un juſte hommage
Meritons que le Ciel appaiſe ſon courroux.

Le Sacrificateur paroiſt avec ſes Miniſtres, & un grand nombre de Peuple qui entre dans le Temple en dançant : Aprés la premiere dance le Chœur du Peuple chante les paroles qui ſuivent.

SCENE CINQVIESME.

LE ROY, BELLEROPHON, PHILONOE', SACRIFICATEVR, MINISTRES du Temple, CHOEVR de Peuple.

Le grand Sacrificateur chantant. Monſieur de Puvigné.

Quatre Hommes portans des haches chantans.

Meſſieurs Tiphaine, David, Lavernet & Moreau.

Quatre Hommes portans des buires chantans.

Meſſieurs Fernon l'aiſné, Fernon cadet, Frizon & Bernard.

Huit Sacrificateurs chantans.

Messieurs Gingant, Rebel, Duhamel, Arnoul, Godonnesche, Gaye fils, le Maire, & Desvelois.

Quatre Enfans assistans au Sacrifice chantans.

Les sieurs Antonio, Beaumont fils, philbert & Iacquart.

Quatre Prestresses chantantes.

Mesdemoiselles de Puvigné, Poulet, Doremius, & Piesche.

APOLLON chantant. Monsieur le Cointre.

Six Flutes de la suite du Sacrifice.

Messieurs Descosteaux, Philidor l'aisné, Philidor cadet, Ioseph piesche, Thoulon fils, & piesche cadet.

Huit Assistans du Sacrifice dançans.

Messieurs Favier l'aisné, Favier cadet, Magny, Noblet, Lestang l'aisné, Ioubert, Germain & Dumirail.

CHOEVR de Peuple.

LE malheur qui nous accable
Demande un Lieu favorable:
Entens-nous grand Apollon,
Par la défaite du Serpent Python;
Par l'éclat de la gloire

Qui ſuivit ta victoire
Viens nous ſecourir ;
Hâte-toy, ſauve-nous, ou bien nous allons perir.

Il ſe fait icy une ſeconde Entrée, aprés laquelle le Peuple chante ce ſecond couplet.

Nos ſoûpirs te font connaiſtre
Le malheur qui les fait naiſtre.
Entens-nous grand Apollon,
Par la défaite du Serpent Python,
Par l'eclat de la gloire
Qui ſuivit ta Victoire,
Viens-nous ſecourir ;
Hâte-toy, ſauve-nous, ou bien nous allons perir.

SACRIFICATEVR.

Reçois grand Apollon, reçois ce Sacrifice,
Fais que le Ciel nous ſoit propice.

CHOEVR de Peuple.

D'vn Cœur ſoûmis nous t'adreſſons nos vœux.
Eſcoute un Peuple mal-heureux.

SACRIFICATEVR verſant du vin ſur la teſte de la victime.

Par ce vin répandu fais ceſſer nos allarmes,
Arreſte le cours de nos larmes.
Tu vois quels triſte ſort nous accable aujourd'huy;
Preſte-nous ton appuy.

Vous qu'à me seconder un Zele ardent anime,
Avancez, il est temps d'immoler la Victime.

Les Ministres du Temple s'avancent auprés du Sacrificateur, & immolent la Victime.

COEUR de Peuple.

Dieux qui connoissez nos malheurs,
Laissez-vous toucher de nos pleurs.

SACRIFICATEVR montrant le cœur de la Victime.

Esperons, je ne vois que signes favorables,
Nos vœux au Ciel doivent estre agreables.

Il jette le cœur & les entrailles dans le feu.

CHOEUR de peuple.

Aprés un augure si doux,
Tâchons de meriter que les Dieux soient pour nous.

Le Peuple dance icy à l'entour du feu, & chante ensuite ce premier couplet.

Montrons nostre allegresse,
Ne parlons plus de chagrin;
Renonçons à la tristesse,
Nos malheurs vont prendre fin.
Quand le Ciel est propice à nos vœux,
Bannissons l'ennuy qui nous presse,
Nous allons tous estre heureux.

Le Peuple continuë ſa dance, & chante ce ſecond couplet.

Le Ciel veut qu'on eſpere,
Il adoucit ſon courroux
Noſtre hommage a ſçeu luy plaire,
Tout s'eſt declaré pour nous.
Banniſſons les ſoûpirs de ces lieux;
Ne craignons plus rien de contraire,
Nos maux ont touché les Dieux.

SACRIFICATEVR.

Tout m'aprend qu'Apollon dans nos vœux s'intereſſe,
Redoublez à l'envy vos marques d'allegreſſe.

Le Peuple commence une nouvelle Dance à l'entour du Feu, & chante les paroles qui ſuivent.

Aſſez de pleurs
Ont ſuivy nos malheurs
De noſtre zele
Voy l'ardeur fidelle.
C'eſt en toy ſeul que noſtre eſpoir eſt mis:
Viens de nos maux adoucir les atteintes,
Finis nos plaintes,
Calme nos craintes:
Fléchy pour nous les Destins ennemis.
L'Amour languit troublé de nos allarmes,

Rapelle icy tous ses charmes,
Toy que ses traits ont tant de fois soûmis.
Vn Monstre affreux
Nous rend tous malheureux.
Fais de sa rage
Cesser le ravage.
C'est en toy seul que nostre espoir est mis;
Viens de nos maux adoucir les atteintes,
Finis nos plaintes,
Calme nos craintes,
Fléchy pour nous les Destins ennemis:
L'amour languit troublé de nos allarmes;
Rapelle icy tous ses charmes,
Toy que ses traits ont tant de fois soûmis.

SACRIFICATEVR.

Digne Fils de Latone & du plus grand des Dieux,
Parle, & daigne regler le destin de ces lieux.

L'Autel qui a paru s'enfonce, & la Pithie sort de son antre les cheveux espars: En mesme temps on entend de grands éclats de Tonnerre: Le Temple tremble, & on le voit tout brillant déclairs.

LA PYTHIE.

Gardez tous un silence extresme,
Apollon vous entend, & va parler luy-mesme;
Son approche déja fait briller les éclairs,

Entendez raisonner le sifflement des airs,
Escoutez le bruit du Tonnerre,
Voyez trembler & le Temple & la Terre.
Il va paroistre, je le vois;
A son aspect fremissez comme moy.

La Pithie se panche vers la Terre, tandis que Apollon paroist en Statuë d'or, & prononce l'Oracle qui suit.

APOLLON,

Que vostre crainte cesse
Vn des Fils de Neptune appaisera pour vous
Le celeste courroux.
Pour l'en recompenser, il faut que la Princesse
Le prenne pour Espoux.

La Pithie s'enfonce dans l'antre d'où elle est sortie; Apollon disparoist, & le Peuple se retire.

LE ROY

A BELLEROPHON & à PHILONOÉ.

Vous l'avez entendu, je n'ay rien à vous dire,
Je plains vos déplaisirs, comme vous, j'en soûpire;
Mais rien n'est preferable au repos de ces lieux:
Soûmettons-nous aux Dieux.

SCENE SIXIESME.

BELLEROPHON, PHILONOE'.

BELLEROPHON.

Dans quel accablement cét Oracle me laiſſe!

PHILONOE'.

Ah! cruelle ſurpriſe!

BELLEROPHON.

O funeſte revers!

Quoy? je vous pers, belle Princeſſe?

PHILONOE'.

Quoy? Bellerophon, je vous perds?

TOVS DEVX.

Helas! n'avons-nous eû le deſtin favorable:
Que pour mieux reſſentir le coup qui nous accable.

BELLEROPHON.

Mes vœux alloient eſtre contents.

PHILONOE'.

Jamais ſort n'euſt eſté plus heureux que le noſtre.

TOVS DEVX.

Qui croiroit que deux cœurs ſi tendres, ſi conſtans
Ne fuſſent pas deſtinez l'un pour l'autre?

BELLEROPHON.

Vous ne serez donc point à moy?
Quel prix d'une ardeur si fidelle!

PHILONOË.

N'y pensons-plus.

BELLEROPHON.

Quoy? vous pourrez, cruelle,
Engager ailleurs vostre foy?

PHILONOË.

Brisez, brisez une fatale chaîne.
Quand j'ay receu l'hommage de vos vœux,
Ie croyois que le Ciel consentiroit sans peine
Que l'Hymen nous rendist heureux,
Et je n'attendois pas l'Oracle rigoureux
Qui nous sacrifie à sa haine.

BELLEROPHON.

Non, non, quoy qu'il ait ordonné,
On ne verra jamais que mon amour s'éteigne.
Ie n'examine point ce qu'il faut que je craigne
De l'Oracle fatal qui vient d'estre donné:
Que le destin jaloux d'une flâme si belle
Me porte encor des coups plus rigoureux;
Au moins je puis estre fidelle,
Si je ne sçaurois estre heureux.

PHILONOE'.

Se peut-il que le Ciel contre un amour ſi tendre
Exerce toutes ces rigueurs?

BELLEROPHON.

De ſes ordres cruels l'amour doit-il dépendre?

TOVS DEUX.

Animons-nous malgré nos malheurs,
Ce n'eſt pas au Deſtin à ſeparer les cœurs.

FIN DU TROISIESME ACTE.

ACTE IV.

Des Rochers fort hauts & fort escarpez, couverts de Sapins & d'autres Arbres solitaires, font la Decoration de cét Acte. Au fond du Theatre paroist un Rocher de la mesme hauteur, & garny des mesmes Arbres. Il est percé par trois Grotes, au travers desquelles on découvre un Païsage à perte de veuë.

SCENE PREMIERE.

AMISODAR.

QVEL Spectacle charmant pour mon cœur amoureux.
Ces Morts de tous costez étendus dans les plaines
Me sont des seurs garands de la fin de mes peines;
Tout perit pour me rendre heureux.
Fontaines tarissez; embrasez-vous, Montagnes,
Bruslez, Forests; sechez Campagnes,

Toutes les horreurs que je vois
Sont autant de ſujets de triomphe pour moy.

Quand on obtient ce qu'on aime,
Qu'importe à quel prix?
Que tout l'Vnivers ſurpris
Condamne l'amour extreſme
Qui couſte tant de ſang, de larmes & de cris,
Quand on obtient ce qu'on aime,
Qu'importe à quel prix?

SCENE SECONDE.

ARGIE, AMISODAR.

ARGIE.

IL faut, pour contenter la Reine,
Rendre le Monſtre à l'éternelle nuit;
Bellerophon au deſeſpoir reduit
S'apreſte à le combattre, & ſa perte eſt certaine;
Mais cette prompte mort finit trop toſt ſa peine.
Quand un fatal Oracle eſt contraire à ſes veux,
S'il ne ſouffre long-temps, il n'eſt point malheureux.
Puis qu'un Fils de Neptune épouſe la Princeſſe,
Laiſſez vivre l'Ingrat dans ces jaloux tranſports;
Voir aux mains d'vn Rival l'objet de ſa tendreſſe,
C'eſt tous les jours endurer mille morts.

AMISODAR.

Le laisser vivre! O Dieux! que faut-il que je pense?
Ie vois pour luy la Reine s'allarmer
Lors que sa mort est preste à remplir sa vangeance.
Est-ce le haïr, ou l'aimer?

ARGIE.

Monstrez que vostre cœur ne cherche qu'à luy plaire,
Pourquoy penetrer dans le sien?
Quand l'Objet aimé parle, un Amant doit tout faire,
Et n'examiner rien.

AMISODAR.

Non, non, que mon Rival perisse,
Est-ce à moy d'empécher qu'il ne perde le jour?

ARGIE.

Il faut faire à la Reine encore ce Sacrifice,
Ou renoncer à vostre amour.

VOIX derriere le Theatre.

Tout est perdu, le Monstre avance,
Sauvons-nous, sauvons-nous.

AMISODAR.

Le Monstre aproche, éloignez-vous,

ARGIE.

Ciel, contre sa fureur embrasse ma defence.

SCENE TROISIESME.

VNE NAPE'E ET VNE DRYADE ensemble.

Vne Dryade chantante.

Mademoiselle Ferdinand l'aisnée.

Vne Napée chantante.

Mademoiselle Ferdinand cadete, ou Mademoiselle Rebel.

PLaignons, plaignons les maux qui desolent ces lieux,
Les pleurs qu'ils font couler devoient toucher les Dieux.

DRYADE.

Il n'est plus d'herbes dans les plaines.

NAPE'E.

Il n'est plus d'eaux dans les Fontaines.

DRYADE.

Tout perit.

NAPE'E.

Tout tarit.

DRYADE.

Quel excez d'ennuis!

NAPE'E

NAPE'E.

Quelles peines!

NAPE'E & DRYADE.

Plaignons, plaignons les maux qui desolent ces lieux,
Les pleurs qu'ils font couler devroient toucher les Dieux.

SCENE QVATRIESME.

DIEVX des Bois, vne NAPE'E & une DRYADE.

Deux Dieux des Bois chantans.

Messieurs Langeais & Arnoul.

DIEVX DES BOIS.

LEs Forests sont en feu, le ravage s'augmente,
Ce n'est par tout qu'espouvante & qu'horreur.

NAPE'E & DRYADE.

Du Monstre, comme vous, nous sentons la fureur,
Voyez cette Plaine brûlante.

DIEVX DES BOIS.

Helas! que sont-ils devenus
Ces Bois dont nous faisions nos retraites tranquiles?

NAPE'E & DRYADE.

Ces Eaux qui serpentoient dans ces Plaines fertiles?
Ces Eaux, helas! ne coulent plus.

DIEVX DES BOIS.

Que de tristes allarmes!

BELLEROPHON,
NAPÉE & DRIADE.

Que de ſujets de larmes !

Tous enſemble.

Pour adoucir le Ciel qui voit tant de malheurs.
Joignons nos ſoûpirs & nos pleurs.

SCENE CINQVIESME.

LE ROY BELLEROPHON.

LE ROY.

AH Prince ! ou vous emporte une ardeur trop guerriere ?
En vain à cent perils on vous a veu courir,
En vain voſtre grand nom remplit la Terre entiere,
Vous cherchez un Combat où vous allez perir.

BELLEROPHON.

Ie ne vay point combattre un Monſtre redoutable
Pour remplir de mon nom l'Vnivers étonné,
Ie vais, Amant infortuné,
Finir un ſort trop déplorable.
Cent fois, juſqu'à ce triſte jour
J'ay hazardé ma vie en cherchant la victoire :
Ce que j'ay fait animé par la gloire
Ne le pourray-je faire animé par l'amour ?

LE ROY.

Suivre un amour trop temeraire,
C'est vous livrer vous-mesme au plus funeste sort.

BELLEROPHON.

Accablé de malheurs, puis-je craindre la mort?

LE ROY.

Ménagez vostre vie, elle m'est toûjours chere:
Par ces aimables nœuds
Que je vous destinois avec mon Diadéme,
Par la Princesse mesme,
Accordez, accordez quelque chose à mes vœux.
Ie vais faire à Neptune offrir un Sacrifice:
Allons sçavoir ses volontez,
Peut-estre il nous sera propice.

BELLEROPHON.

En vain, Seigneur, vous me flattez,
Puis qu'à son Fils vous devez la Princesse;
Au moins en combattant laissez-moy faire voir
Que mon amour meritoit sa tendresse.

LE ROY.

Ah! que je crains pour vous ce fatal desespoir!
Adieu, quand le peril ne vous peut émouvoir,
Ie dois vous cacher ma foiblesse.

On commence à voir icy tout le Païsage de l'enfoncement du Theatre remply de feu & de fumée, pour marquer le dégast que fait la Chimere dans le païs.

SCENE SIXIESME.

BELLEROPHON.

HEureuſe mort, tu vas me ſecourir,
Dans mon malheur extreſme:
Je cours m'offrir au Monſtre aſſuré de perir,
Mais je m'en fais un bien ſupreſme.
Quand on a perdu ce qu'on aime,
Il ne reſte plus qu'à mourir.

On voit icy Pallas dans un Char de Nüages du coſté droit, & en meſme temps paroiſt un autre Char vuide qui deſcend juſques ſur le Theatre du coſté gauche.

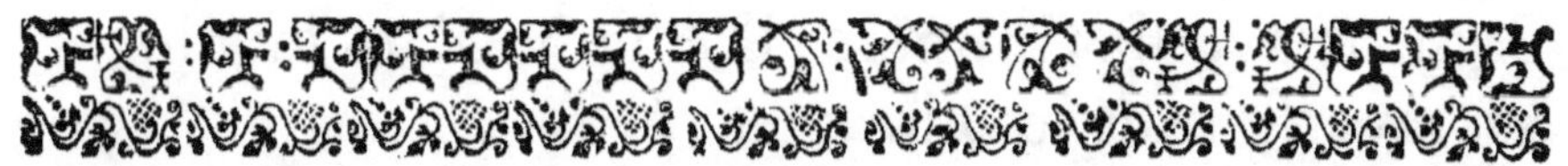

SCENE SEPTIESME.

PALLAS dans ſon Char, BELLEROPHON.

PALLAS.

ESpere en ta valeur, Bellerophon, eſpere,
Pallas deſcend du Ciel pour t'offrir ſon ſecours.

BELLEROPHON.

Déesse, en vain tu prens soin de mes jours,
Quand la mort seule peut me plaire.

PALLAS.

Ton sort est marqué dans les Cieux,
Viens, monte dans ce Char, & t'abandonne aux Dieux.

Bellerophon monte dans le Char, & est enlevé sur le Ceintre, avec Pallas. Cependant on entend le Peuple qui exprime sa desolation par ces Vers.

CHOEUR de Peuple derriere le Theatre.

Quelle horreur! quel triste ravage!
Le Monstre redouble sa rage.

Pendant qu'on entend les cris des Peuples espouvantez, la Chimere paroist au fond du Theatre, & en mesme temps Bellerophon monté sur Pegase, fond du haut de l'air, & aprés un premier Combat avec la Chimere, il se sauve dans les airs, & traverse tout le Theatre.

CHOEUR DE PEUPLE derriere le Theatre pendant le combat de Bellerophon.

Un Heros s'expose pour nous,
Dieux, soûtenez son bras, & conduisez ses coups.

Bellerophon fond vne seconde fois sur la Chimere au milieu du Theatre, & aprés qu'il a disparu un moment en s'élevant sur le Ceintre, il paroist pour la troisiéme fois, descend sur le devant du Theatre, attaque de nouveau la Chimere, la blesse à mort, & se sauve en l'air, faisant son vol en rond, & apres trois tours, on le voit se perdre dans les nuës : Cependant la Chimere tombe morte entre les Rochers ; ce qui donne lieu à la joye que marque le Peuple par les Vers suivans.

CHOEUR de Peuple derriere le Theatre.

Le Monstre est défait. Quelle gloire!
Bellerophon remporte la victoire.

FIN DU QUATRIESME ACTE.

ACTE V.

Le Theatre repreſente une grande avant-court d'un Palais qui paroiſt élevé dans la gloire. On y monte par deux grands degrez qui forment les deux coſtez de cette Decoration en ovale, & qui ſont enfermez par deux grands Baſtimens d'Architecture d'une hauteur extraordinaire. Les deux Degrez & les Galleries qui les environnent ſont remplis des Peuples de la Lycie, aſſemblez en ce lieu pour y recevoir Bellerophon, que Pallas doit ramener apres la défaite de la Chimere.

SCENE PREMIERE.

LE ROY, PHILONOE', Chœur de Peuple.

Vingt-ſix hommes: Peuples de differentes nations chantans. Meſſieurs Fernon l'aiſné, Fernon cadet, David, Tiphaine, Rebel, Bernard, Gingant, Moreau, Duhamel, Langeais, Godonneſche, le Cointre, la Foreſt, Puvigné, Jonquet, le Roy, le Maire, Lavernet, Deſvelois, Frizon, Antonio, Gaye fils, Perchot, Aubert, Jacquart & Philbert.

Six Femmes de la Suite des Peuples de differentes nations, chantantes.

Mesdemoiselles Ferdinand l'aisnée, Ferdinand cadete, Rebel, Puvigné, Piesche & Doremius.

Quatre Trompettes.

Vn Seigneur seul dançant.

Monsieur de Lestang cadet.

Huit autres Seigneurs de sa Suite, dançans.

Messieurs Favier l'aisné, Magny, Joubert, Lestang l'aisné, Pecour, Boutteville, Germain & Dumirail.

LE ROY.

PREPAREZ vos chants d'allegresse,
Peuples, c'est en ce lieu que pour nostre bonheur
Pallas doit ramener un illustre Vainqueur
Que le Ciel pour Espoux destine à la Princesse.
Enfin nos vœux ont reüssi,
Vn Oracle confus faisoit nostre infortune;
Mais cét Oracle est éclaircy,
Bellerophon est le Fils de Neptune.
Pour nous le declarer, dans son Temple, à nos yeux,
Ce Dieu des Mers vient de paroistre;
Luy-mesme pour son sang a daigné reconnoistre
Ce Heros glorieux.

D'une

D'vne Nymphe jalouse il craignit la colere,
Et quand Bellerophon reçût de luy le jour,
Il voulut que Glaucus feignit d'estre son pere;
Il revient Triomphant, celebrez son retour.

COEVR de Peuple.

Viens, digne sang des Dieux, joüir de ta victoire,
Chacun est charmé de ta gloire,
Et pour chanter tes grands exploits,
Nous allons tous joindre nos voix.

LE ROY.

Et toy, ma Fille, abandonne ton ame
Aux transports de ta flâme.
Bellerophon t'est donné pour Espoux.

PHILONOE'.

Aprés tant de rudes allarmes,
Pouvons-nous trop goûter les charmes
D'un changement si doux?

LE ROY.

Qu'il est grand ce Heros, qui ne voit point d'obstacles
Que le Sort contre luy ne forme vainement!

PHILONOE'.

Pour tout vaincre il suffit qu'un Heros soit Amant,
La valeur & l'amour font toujours des miracles.

TOUS DEUX.

La valeur & l'amour font toujours des miracles.

CHOEVR de Peuple.

O jour pour la Lycie à jamais glorieux,
Où le sang de nos Rois s'unit au Sang des Dieux!

SCENE SECONDE.

LE ROY, STENOBE'E, PHILONOE', ARGIE, CHOEVR de Peuple.

LE ROY.

VEnez-vous partager l'allegresse publique?
Enfin pour nous le Ciel s'explique,
Neptune a reconnu Bellerophon pour Fils.

STENOBE'E.

Ie sçay tout. Dieux cruels, vous l'avez donc permis?

LE ROY.

Bellerophon cause-t'il cette plainte?

STENOBE'E.

C'est luy seul, il est vray, qui fait mon desespoir.
Du plus ardent amour j'eus pour luy l'ame atteinte,
Et pour toucher son cœur j'ay manqué de pouvoir.
Toujours l'ingrat dédaigna ma tendresse;
Preste à luy voir enfin épouser la Princesse,
I'ay voulu renverser vos odieux projets.

Amisodar m'aimoit, j'ay fait agir ses charmes,
Et le Monstre par luy remplissant tout d'allarmes,
N'a versé que pour moy le sang de vos Sujets.

LE ROY.

Le Traistre! qu'on l'arreste.

STENOBE'E.

Il s'est mis par la fuite
A couvert de vostre poursuite;
Mais il traisne avec luy son crime & son amour.

LE ROY.

Quoy, le Ciel souffre encor que voyez le jour?

STENOBE'E.

I'ay prevenu tout ce que peut sa haine.
La justice que je me rends
M'a fait par le poison mettre fin à ma peine.
Je le sens qui déja coule de veine en veine,
Déja le jour se cache à mes regards mourans.
Vous, de qui la rigueur m'a toujours poursuivie
Avec ses plus funestes traits,
Dieux inhumains, j'abandonne la vie;
Estes-vous satisfaits?
Et toy, cruel Amour, reçois une Victime
Que tu cherchois à t'immoler;
Je meurs pour expier le crime
Des feux dont tu m'as fait brusler.
Je n'ay pû m'empescher de ton barbare empire

Qu'en renonçant au jour ;
Voy mes derniers soûpirs, impitoyable Amour,
J'expire.

PHILONOE'.

Quel excés de fureur ?

LE ROY.

Sa mort en est le prix,
Mais oublions & son crime & sa peine,
Voicy Bellerophon que Pallas nous rameine
Son Triomphe doit seul occuper nos esprits.

On voit Pallas dans un Char, & Bellerophon avec elle. Tandis qu'elle descend, le Peuple marque sa joye par le son des Timbales & des Trompettes, & de tous les autres Instruments.

SCENE TROISIESME.

PALLAS, LE ROY, BELLEROPHON, PHILONOE', CHOEVR de Peuple.

PALLAS.

Connoissez le Fils de Neptune
Dans ce jeune Heros.
A sa seule valeur vous devez le repos
Qui succede à vostre infortune,
Pallas le ramene en ces lieux.

C'est luy qui doit épouser la Princesse,
Faites-en tous paroistre une entiere allegresse,
Et rendez graces aux Dieux.

Bellerophon descend du Char, & Pallas est enlevée sur le Ceintre.

BELLEROPHON A PHILONOE'.

Enfin je vous revoy, Princesse incomparable.

PHILONOE'.

O changement à mes vœux favorable!

TOVS DEVX.

Quel plaisir de voir en ce jour
Le Destin ceder à l'amour!

LE ROY.

Ioüissez des douceurs que l'Hymen vous prepare,
Vivez heureux, vivez toûjours Amants:
Que tous vos moments
Soient doux & charmants:
Et qu'un bonheur sans fin repare
Ce qu'un sort rigoureux vous causa de tourments.

On entend icy les Timbales & les Trompettes, & tous les autres Instruments, dont le son se mesle aux acclamations du Peuple qui chante les Vers suivants.

CHOEUR DE PEUPLE.

Le plus grand des Heros rend le calme à la Terre,
Il fait cesser les horreurs de la Guerre.

Iouïssons à jamais
Des douceurs de la Paix.

Neuf Lyciens se détachent, & font icy une Entrée, aprés laquelle le Peuple chante les deux couplets qui suivent, au mesme son des Timbales, des Trompettes, & de tous les autres Instruments.

CHOEUR DE PEUPLE.

Les plaisirs nous preparent leurs charmes,
Ne songeons plus qu'à passer de beaux jours.
Si le Ciel nous fit verser des larmes,
Vn heureux sort en arreste le cours.
Puis qu'vn Heros fait cesser nos allarmes,
Cherchons les jeux, les ris & les amours.

Que la Paix qui succéde à la peine
Fait aisément oublier les soûpirs!
Si le Ciel nous soûmit à sa haine,
Vn heureux sort satisfait nos desirs:
Dans les beaux jours qu'un Heros nous raméne,
Cherchons les Ris, les Ieux & les Plaisirs.

FIN.

PERMISSION

POUR TENIR ACADEMIE ROYALE de Musique, en faveur du Sieur de Lully.

LOUIS par la Grace de Dieu Roy de France & de Navarre: A tous presens & à venir, SALUT. Les Sciences & les Arts estans les ornemens les plus considerables des Estats; Nous n'avons point eû de plus agreables Divertissemens, depuis que Nous avons donné la Paix à nos Peuples, que de les faire revivre en appellant prés de Nous tous ceux qui se sont acquis la reputation d'y exceller, non seulement dans l'estenduë de nostre Royaume, mais aussi dans les Païs Estrangers; & pour les obliger davantage de s'y perfectionner; Nous les avons honorez des marques de nostre estime & de nostre bien-veillance: Et comme entre les Arts Liberaux, la Musique y tient un des premiers rangs; Nous aurions, dans le dessein de la faire reüssir avec tous ces avantages, par nos Lettres Patentes du 28. Iuin 1669. accordé au Sieur Perrin une Permission d'établir en nostre bonne Ville de Paris, & autres de nostre Royaume, des Academies de Musique, pour chanter en public des Pieces de Theatre, comme il se pratique en Italie, en Allemagne & en Angleterre, pendant l'espace de douze années; mais ayant esté depuis informé que les peines & les soins que ledit Sieur Perrin a pris pour cét établissement, n'ont pû seconder plainement nostre intention, & élever la Musique au point que Nous nous l'étions promis; Nous avons crû, pour y mieux reüssir, qu'il estoit à propos d'en donner la conduite à une personne dont l'experience & la capacité nous fussent connuës, & qui eût assez de suffisance pour fournir des esleves, tant pour chanter & actionner sur le Theatre, qu'à dresser des Bandes de Violons, Flûtes & autres Instruments. A CES CAUSES, bien informez de l'intelligence & grande connoissance que s'est acquis nôtre cher & bien amé Jean-Baptiste Lully au fait de la Musique, dont il nous a donné & donne journellement de tres-agreables preuves depuis plusieurs années qu'il s'est attaché à nôtre service, qui Nous ont convié de l'honorer de la Charge de Sur-Intendant & Compositeur de la Musique de nôtre Chambre: Nous avons audit Sieur Lully permis & accordé, permettons & accordons par ces presentes signées de nôtre main, d'établir une Academie Royale de Musique dans nôtre bonne Ville de Paris, qui sera composée de tel nombre & qualité de personnes qu'il avisera bon estre, que nous choisirons & arresterons sur le rapport qu'il Nous en fera, pour faire des Representations devant Nous, quand il nous plaira, des pieces de Musique qui seront composées tant en Vers François, qu'autres Langues étrangeres, pareilles & semblables aux Academies d'Italie; Pour en joüir sa vie durant, & aprés luy celuy de ses enfans qui sera pourveu & receu en survivance de ladite Charge de Sur-Intendant de la Musique de nôtre Chambre, avec pouvoir d'associer avec luy qui bon luy semblera pour l'établissement de ladite Academie: Et pour le dédommager des grands frais qu'il conviendra faire pour lesdites Representations, tant à cause des Theatres, Machines, Decorations, Habits, qu'autres choses necessaires. Nous luy permettons de donner au public toutes les pieces qu'il aura composées, mesme celles qui auront esté representées devant nous; sans neantmoins qu'il puisse se servir pour l'execution desdites Pieces, des Musiciens qui sont à nos gages: Comme aussi de prendre telle somme qu'il jugera à propos, & d'établir des Gardes & autres gens necessaires aux portes des lieux ou se feront lesdites representations: Faisant tres-expresses inhibitions & deffenses à toutes personnes de quelque qualité & condition qu'elles soient, mesme aux Officiers de nôtre Maison d'y entrer sans payer: Comme aussi de faire chanter aucune Piece entiere en Musique, soit en Vers François ou autres Langues, sans la permission par écrit dudit Sieur Lully, à peine de dix mil livres d'amende, & de confiscation des Theatres, Machines, Decorations, Habits & autres choses, applicables un tiers à Nous, un tiers à l'Hôpital General, & l'autre tiers audit Sieur Lully: Lequel pourra aussi établir des Escoles parti-

particuliers de Musique en nostre bonne Ville de Paris, & par tout où il jugera necessaire pour le bien & l'avantage de ladite Academie Royale. Et d'autant que Nous érigeons sur le pied de celles des Academies d'Italie, ou les Gentils-hommes chantent publiquement en Musique sans déroger; VOULONS ET NOUS PLAIST, Que tous Gentils-hommes & Damoiselles puissent chanter aûsdites Pieces & Representations de nostre Academie Royale, sans que pour ce ils soient censez déroger audit Titre de Noblesse, & à leurs Privileges, Charges, Droits & Immunitez: Revoquons, cassons, & annullons par cesdites presentes, toutes Permissions & Privileges que nous pourrions avoir cy-devant données & accordées, mesme celuy dudit Perrin pour raison desdites Pieces de Theatre en Musique, sous quelques noms, qualitez, conditions & pretextes que ce puisse SI DONNONS EN MANDEMENT à nos amez & feaux Conseillers, les Gens tenans nôtre Cour de Parlement à Paris, & autres nos Justiciers & Officiers qu'il appartiendra; Que ces Presentes ils ayent à faire lire, publier & enregistrer, & du contenu en icelles faire joüir & user ledit Exposant pleinement & paisiblement, cessant & faisant cesser tous troubles & empeschemens au contraire: CAR tel est nôtre plaisir: Et afin que ce soit chose ferme & stable à toûjours, Nous avons fait mettre nôtre Scel à cesdites Presentes. DONNE' à Versailles au mois de Mars, l'an de grace mil six cens soixante-douze, & de nôtre Regne le vingt-neufviéme. Signé, LOUIS, Et à costé, *Visa*, LOUIS. Et plus bas, Par le Roy, COLBERT. Et encore est écrit.

REgistrées, oüy le Procureur General du Roy, pour estre executées, & joüir par l'Impetrant de l'effet & contenu en icelles selon leur forme & teneur, suivant l'Arrest de ce jour. A Paris en Parlement le vingt-septiéme Iuin mil six cens soixante-douze. Signé, ROBERT.

PRIVILEGE DV ROY.

LOUIS par la grace de Dieu Roy de France & de Navarre: A nos amez & feaux Conseillers les Gens tenans nos Cours de Parlement, Maistres des Requestes ordinaires de nôtre Hostel & du Palais, Baillifs, Seneschaux, leurs Prevosts & Lieutenans, & tous autres nos Justiciers & Officiers qu'il appartiendra, SALUT. Nôtre bien amé Jean-Baptiste Lully, Sur-Intendant de la Musique de nôtre Chambre, Nous a fait remontrer que les AIRS de Musique qu'il a cy-devant composez, ceux qu'il compose journellement par nos ordres, & ceux qu'il sera obligé de composer à l'avenir pour les pieces qui seront representées par l'Academie Royale de Musique, laquelle Nous luy avons permis d'établir en nôtre bonne Ville de Paris, & autres lieux de nôtre Royaume où bon luy semblera, étant purement de son invention, & de telle qualité que le moindre changement ou obmission leur fait perdre leur grace naturelle; de sorte que comme son esprit seul les produit pour les appliquer aux sujets qu'il y trouve proportionnez, nul autre ne peut si bien que luy rendre lesdits Ouvrages publics dant leur perfection, & avec l'exactitude qui leur est deuë. Et d'ailleurs, il est juste que si leur impression doit apporter quelque avantage, il revienne plutost à l'Autheur pour le recompenser de son travail, & de partie des frais qu'il avance pour l'execution des Desseins qu'il doit faire representer par ladite Academie, qu'à de simples Copistes qui les imprimeroient sous pretexte de Permissions generales ou particulieres qu'ils peuvent avoit obtenuës par surprises ou autrement; ce qui l'oblige d'avoir recours à nos Lettres sur ce necessaires. A CES CAUSES; voulans favorablement traiter l'Exposant, Nous luy avons permis & accordé, permettons & accordons par ces Presentes, de faire imprimer par tel Libraire ou Imprimeur, en tel Volume, Marge, Caractere, & autant de fois qu'il voudra, avec Planches & Figures tous & chacuns les AIRS de Musique qui seront par luy faits; comme aussi les Vers, Paroles, Sujets, Desseins & Ouvrages sur lesquels lesdits AIRS de Musique auront esté composez, sans en rien excepter, & ce pendant le temps de trente années consecutives, à commencer du jour que chacun desdits Ouvrages seront achevez d'imprimer, iceux vendre & debiter dans tout nôtre Royaume, par luy ou par autre, ainsi que bon luy semblera, sans qu'aucun trouble ny empeschement quelconque luy puisse estre apporté, mesme par ceux qui pretendent avoir de

Nous Privilege pour l'impression des AIRS de Musique & Ballets, lesquels pour ce regard, en tant que besoin est ou seroit, Nous avons revoqué par cesdites Presentes : Faisant tres-expresses inhibitions & deffenses à tous Libraires, Imprimeurs, Colporteurs, & autres personnes de quelque qualité qu'elles soient, d'imprimer faire imprimer, vendre & distribuer lesdites Pieces de Musique, Vers, Paroles, Desseins, Sujets, & generalement tout ce qui a esté & sera composé par ledit Lully, sous quelque pretexte que ce soit, mesme d'impression estrangere & autrement, sans son consentement ou de ses ayans cause, sur peine de confiscation des Exemplaires contrefaits, dix mille livres d'amande, tant contre ceux qui les auront imprimez & vendus, que contre ceux qui s'en trouveront saisis, & de tous despens, dommages & interests; à la charge d'en mettre deux Exemplaires en nôtre Biblioteque publique, un en nôtre Cabinet des Livres de nôtre Chasteau du Louvre, & un en celle de nôtre tres-cher & feal Chevalier Garde des Sceaux de France le Sieur d'Aligre, à peine de nullité des Presentes. Du contenu desquelles vous mandons & enjoignons faire joüir l'Exposant & ses ayans cause pleinement & paisiblement, cessant & faisant cesser tous troubles & empeschemens au contraire; Voulant qu'en mettant au commencement ou à la fin desdites Lettres l'Extrait des Presentes, elles soient tenuës deuëment signifiées, & qu'aux copies collationnées par l'un de nos amez & feaux Secretaires foy soit ajoûtée comme à l'Original. Mandons au premier nôtre Huissier ou Sergent faire pour l'execution des Presentes toutes significations, deffenses, saisies, & autres actes requis & necessaires, sans pour ce demander autre permission, nonobstant oppositions ou appellations quelconques, dont si aucunes interviennent, Nous nous en reservons & à nôtre Conseil la connoissance, & icelle interdisons & deffendons à tous autres Juges : CAR tel est nôre plaisir. DONNE à Versailles le vingtiéme jour de Septembre, l'an de grace mil six cens soixante-douze, & de nôtre Regne le trentiéme. Signé, LOUIS. Et plus bas, Par le Roy, COLBERT. Et scellé du grand Sceau de cire jaune.

www.ingramcontent.com/pod-product-compliance
Lightning Source LLC
LaVergne TN
LVHW010618110826
845149LV00003B/964

* 9 7 8 2 0 1 1 8 6 3 0 9 6 *